AF267942

L'ESPRIT NOUVEAU.

Vanitas vanitatum.
Ecclésiaste.

.....*Quœque ipse miserrima vidi*
et quorum pars.............
Enéide.

PARIS,
Morizot, rue Pavée-St-André-des-Arts, 3.

LANGRES,
Crapelet, libraire de l'Évêché.
1864.

Y+

L'ESPRIT NOUVEAU.

Vanitas vanitatum.
ECCLÉSIASTE.

......*Quæque ipse miserrima vidi
et quorum pars*...............
ENÉIDE.

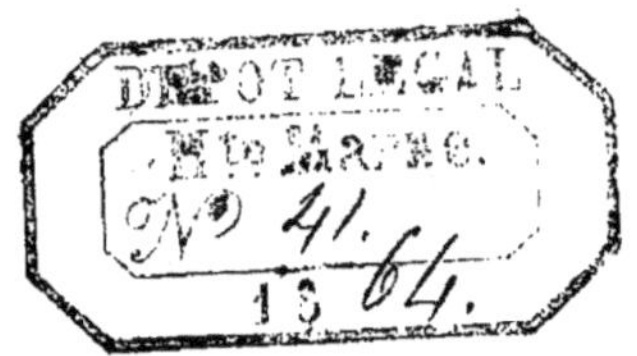

Les doctrines panthéistiques en honneur et, notamment, certaines publications récentes, ont donné lieu à la pièce suivante.

Ceux qui écrivent en vers étant, non sans raison, suspects d'un grand laisser-aller, l'auteur tient à dire ici, en prose, que ses critiques ne sont, malheureusement, que trop justifiables. Il a besoin d'ajouter qu'en attaquant certains philosophes, il n'a pas entendu s'en prendre à la philosophie elle-même. Il en tient, au contraire, le plus grand compte, sous toutes réserves. La *vraie* philosophie dont le devoir est de lutter sans fin contre l'erreur, est, Dieu merci, à la hauteur de sa tâche. Elle a trouvé dans l'Église et dans l'Université des représentants aussi éclairés qu'infatigables ; et quant à la *fausse,* aujour-d'hui si débraillée, l'auteur avoue qu'il est peu alarmé du grand mouvement qu'elle se donne, estimant que, de ses excès même et de la poussière qu'elle amasse, une grande instruction ne tardera pas à sortir.

Nous avons parlé de l'*Ecclectisme,* ce qui était nommer M. Cousin. Nous aurions désiré pouvoir éviter cette rencontre, aujourd'hui sujette à de grandes réserves. Il y a eu ici des retours heureux. La philosophie dite *ecclectique* a fini par changer son nom contre celui de philosophie *spiritualiste ;* elle a bien fait, car aussi long-temps qu'elle a duré sous la première enseigne, elle a cotoyé le Panthéisme, ébranlé les bases de la certitude, et prêché la morale du succès.

Janvier 1864.

L'ESPRIT NOUVEAU.

I.

Nous ne demandons plus à Dieu, comme autrefois,
Le pain quotidien qui fait passer l'année;
    Et le travail de la journée
    Ne se met plus sous un signe de croix.

    La vieille foi nous incommode,
    Et notre humaine dignité
Nous fait cacher le peu qui nous en est resté,
    Comme un habit passé de mode.

La foi de notre temps, c'est *le prix de revient.*
    Nous poussons nos dents de sagesse,
    Et l'âge de raison nous vient.
Nous voilà forts et grands : l'homme en nous se redresse;

Il est *émancipé.* La famille n'est plus
    Que le bercail à l'enfant nécessaire,
Et le commandement d'*honorer père et mère.*
Un vieux lambeau de loi qui s'émarge en écus.

    Le pays qui vit notre enfance
    A notre mémoire n'est bon
    Que pour un acte de naissance,
    Exigé dans l'occasion.

C'est que, né de l'orgueil et de la moquerie,
    L'*Esprit nouveau* sape, au fond de nos cœurs,
Après Dieu, la famille, et bientôt la patrie,
    Trois choses qu'on nous cherche ailleurs ;

Et que l'homme du jour en qui rien ne gravite,
Au collége déjà se dit *Cosmopolite,*
Esprit fort, et poursuit, de ses propos légers,
Ce qu'on lui met d'avance au rang des préjugés ;

    C'est qu'avant de se bien connaître,
    Il aime à voguer loin du port.
    Et que, pour témoins de sa mort,
    Il n'a plus ceux qui l'ont vu naître ;

    Et c'est que le siècle, au front dur,
A l'œil étroit, marchandant nos faiblesses,
    Attache l'honneur aux richesses,
Et devant nous se dresse comme un mur.

II.

    Loi du *succès,* doctrine impie,
    Vieille comme le monde, hélas !
Mais à laquelle encore a fait faire un grand pas
    L'*Ecclectique* philosophie.

    Le vieux monde croyait en Dieu ;
    La conscience y gardait son empire,

Et de science y tenait lieu ;
Le cœur humain vibrait comme une lyre,
A l'unisson des grandes voix
Conservatrices de ces lois.

Le mal était le mal : aujourd'hui c'est un mythe,
Une création de notre esprit troublé,
Sujet qu'en Sorbonne on médite,
Et dont le Christ aurait petitement parlé.

Miracle d'ecclectisme, habileté suprême
A nous faire une loi de notre *bon plaisir,*
Artifice heureux d'un système
Où de sa passion chacun peut se couvrir,
Et s'arranger dans ce qu'il aime !

Le vrai, le faux, le bien, le mal,
Autant de sujets d'analyse,
Entassés comme à titre égal,
Au fond de notre âme indécise,
Affreux chaos, cercle fatal,
Où nous tournons à notre guise.

O Philosophes, dites nous
Si la morale est parmi vous
Quelque chose de plus qu'une vague hypothèse ?..
Voilà pour vous, sans doute, un beau sujet de thèse.
Une femme, dit-on, dans un congrès de Gand (1),
Sur votre tapis vert, en a jeté son gant.

L'avez-vous ramassé ?.. Dans votre noir dédale,

Avez-vous un *Vadè mecum ?*
Êtes-vous d'accord en morale ?..
Eh bien, nous attendons votre *Criterium...*

Ah ! vous n'en avez point, docteurs à face blême;
Et vous restez muèts devant ce grand problème !
     A peine si le nom de Dieu,
     Relégué dans nos basiliques,
Effleure en ce moment vos lèvres de sceptiques,
     Et de réponse vous tient lieu.

     Telle est votre aveugle supèrbe,
     O philosophes de renom, -
Qu'en morale déjà si douteux, votre Verbe
Ose étendre du cœur à l'esprit son poison !

Soyez francs : Dieu pour vous, c'est le *Naturalisme:*
Votre voix qui le nomme expire en faux accords.
Allez, continuez votre *Danse des morts;*
     Ou retournez au catéchisme.

III.

Ah ! vous riez... très-bien... le *décórum* est là :
Nous savons ce que c'est... Voyons votre figure...
     Elle est bien celle d'un augure
En peine de son rôle et qui craint le *Holà.*

Nous ne rions pas, nous : le temps n'est pas au rire ;
Il est à l'examen de vos *gestes et faits.*

Le grand mot pour vous, aide à parler sans rien dire,
    Avouez-le, c'est *le Progrès*.

Vous en mettez partout : c'est là votre *muscade*,
    A l'usage des écoliers,
    De la foule et des gazetiers,
    Vos secrétaires d'ambassade.

    Heureusement pour vous, bien que sans vous,
Des progrès sérieux se font dans la science,
    Vous les suivez de l'œil, et trouvez doux
D'en triompher aussi pour vous, sans qu'on y pense;
    Au lieu de vous mettre à genoux.

    Car, on le sait, votre domaine est autre ;
    Et tout philosophe prudent
    Qui veut trôner sans accident,
    S'érige d'abord en *apôtre*.

    Et le monde le tient pour tel ;
    Il a son temple et son autel,
    Une langue *ad hoc*, infaillible,
A la condition d'être inintelligible.

Où sommes-nous ? Quel est ce tudesque jargon
    Qu'on ose nous parler en France,
    Au nom même de la *Raison*
    Dont il n'est que la déchéance ?

Arrière qui venez nous disputer les lois
    De notre Verbe *Franc-Gaulois*;

Baladins de la phrase, apôtres du sophisme,
Arrière *Hégéliens,* remués du *Kantisme !*

De votre fil on tient le bout :
Allemands en Métaphysique,
Aussi bien qu'en Histoire, et même en Esthétique,
Anglais en Politique, et faux Français partout.

IV.

L'homme s'agite et Dieu le mène;
Il a son lit comme la mer
Où le flot roule et se démène.
Où sont les systèmes d'hier ?..
Où s'en va la feuille d'automne,
Au gré du vent qui tourbillonne.

Quel est ce nouveau firmament,
Noir et profond comme l'abîme,
Où l'esprit sombre à tout moment ? —
C'est celui du *Vague sublime* — (2).

Et ce fantôme qu'on entend ? —
C'est le géant de la *Synthèse,*
A grand bruit de rames flottant
Sur le cahos de l'*Exégése...* (3)

Vous qui plissez le front, dites si l'ouragan
Peut amasser plus de tempêtes,
De flux et de reflux dans le vaste Océan,

Que l'ambition dans nos têtes ;
Si de Babel et des Titans
Nous ne revoyons pas les temps.

Et vous aussi qui savez lire,
Demandez vous un peu, sans rire,
Si les nouveaux maçons qui bâtissent la tour
    Où Dieu s'apprête à les confondre,
    En ont bien mesuré le tour !..
    On en cherche la pierre à Londre,
En Allemagne, et même à Paris, chez Buloz
Où seront du vieux monde étiquetés les os (4) :

    Car on le verra, ce *Musée :*
Les siècles, par *milliards,* y suffiront... c'est dit.
Faisons, mes bons amis, ce songe de rosée,
    Sans trop nous plaindre du répit.

Salut, *Biologiste omniscient*, Messie
D'un avenir trouvé qui n'a plus rien d'étroit,
Qui nous assure enfin *le secret de la vie,*
Moquez-vous de Jésus, vous en avez le droit,

De Dieu lui-même, abîme où notre esprit se noie,
Fantôme de celui que la physique, un jour,
Et la chimie aussi, nous sortiront du four,
    Encore à faire, mais *en voie !*

Mais que vous devez bien aussi prendre en pitié
    Ces arriérés de la Sorbonne,
    Au drapeau déjà replié,
    Qui ne dérangent plus personne !

A vous le dernier mot que vous direz sans eux,
    Même avec eux, mais pour mémoire,
En souvenir discret d'une œuvre faite à deux,
    Dans les bas-fonds de l'écritoire (5).

V.

Encore un mot — Le peuple est là... dites-lui bien
Que le monde est sans Dieu, comme l'homme est sans âme,
Ou qu'elle meurt en nous, sans qu'il en reste rien,
    Comme un dernier rayon de flamme.

Les cieux lui souriaient, son espoir était là...
Faiblesse, aveuglement... ne souffrez pas cela :
    Du doux Jésus qui le console,
    A ses pieds renversez l'idole.

  La vérité vous presse, dites-vous :
Voyons, n'auriez-vous pas, je le cherche entre nous,
    Des *sincérités graduées*
    De la terre jusqu'aux nuées (6);

    Des cordes sourdes et des tons
    Qui matelassent le sophisme,
    Et *des malentendus féconds,*
    Tirés des lois de l'organisme;

La fraude si tentante, à faire *innocemment....*
L'Interprétation... les textes réfractaires,

Ou remplis de profonds mystères,
A solliciter doucement ?

Secrets d'école et grands sujets d'étude,
Élaborés de longue main !..
N'avez-vous pas aussi le mépris surhumain
De la *petite certitude ;*

Et même, par de là, ce *dédain transcendant*
Que Jésus, novateur ardent,
Naïf, à son début, mais bientôt *Géant sombre,*
Aurait, pour votre gloire, inauguré dans l'ombre ?

Eh bien, je vous le dis tout bas :
C'est très beau, mais n'en soufflez pas...
Surtout devant le peuple... il en aurait scrupule,
Et pourrait bien aussi vous trouver ridicule ;
Et maintenant, bien ou mal averti,
Dites, si vous l'osez, que le Christ a menti.

Qui sait ?.. mot retourné sans fin contre vous-même,
Espèce de refrain flottant sur votre thème... (7)
Ah ! vous ne savez pas !.. Soyez modeste alors,
Et de votre embarras couvrez mieux les dehors.

Ne venez pas surtout, d'une face confite,
En un style bâtard et creux,
Sous la défroque d'un lévite,
Exalter le mensonge heureux (8).

Pour nous damner, rendez le vice aimable (9),

Et par un procédé qui n'est ni grand, ni beau,
Ne mêlez pas en vous la figure du diable
    A celle d'un Jésus nouveau.

VI,

Tandis que nous voilà, mes amis, portes closes,
Au bruit du vent qui souffle et siffle tant de choses,
    Et pendant qu'un *nouveau Mathieu* (10)
Sagement nous condamne à rester près du feu,

    Ne quittons pas nos philosophes.
Il en est, vous savez, de toutes les étoffes,
    Embusqués sur tous les chemins
    Que nous suivons, pauvres humains.

Ne les a-t-on pas vus, dans la littérature,
Et dans l'histoire aussi, nous battant la mesure,
    Y glissant, comme en tapinois,
    Le mépris de toutes les lois ?

    Voyez aussi ce qu'on y gagne,
Et comme on a marché. La vertu passe au bagne ;
    Et la *Dame au camélia*
    Peut trouver comme *Lélia,*
    Sous le beau surnom de *Bacchante,*
    Un philosophe qui la chante...

Un philosophe d'action
Qui, fécondant la théorie,
Sait élever notre âme à l'admiration
De la sublime effronterie (11).

Vous l'entendez... C'est du haut de l'Esprit
Que le vent souffle au mal et fait tourner les têtes,
Et que le ridicule a mis son interdit
Sur tous les sentiments qui passaient pour honnêtes.

Honnêtes... mot vieilli... Pardon,
Si par un reste d'habitude,
Un moment j'ai faussé le ton...
Passez le moi... la tâche est rude.

De mes crayons seriez-vous las ?..
Vous le direz... je m'en défie.
Voyez, en attendant, trôner au galetas,
Comme au salon, ce qu'on nous déifie,
Et la société tournoyant, tête en bas,
Sous le manteau troué de la philosophie.

Voyez le peuple, cou tendu,
Caressant aux vitraux ses idoles de plâtre,
Et *le fruit défendu,* vendu ;
La réclame sans frein ; notre divin théâtre,
Aux *tableaux vivans* descendu,
Subissant les bravos d'un parterre *Hugolâtre* ;

Le Romantisme devenu
L'apothéose de *la Bête,*

Et l'Histoire baissant la tête,
Au-dessous d'un bonnet cornu ;

La nôtre, entendez-vous ? celle qu'on nous compile,
Anti-française, et faite *à la Basile,*
OEuvre qu'on sait d'avance, ignoble ramassis
D'arrêts menteurs et de faits obscurcis !

VII.

Que serait longue ma revue,
Si, depuis si longtemps que je les garde à vue,
Je voulais devant vous tenir en faction
Ces régens de l'opinion !

Je vous passe les autopsies (12)
Qu'endurent ces Messieurs, même de leur vivant,
Dans l'opération souvent peu réussies,
Mais que la Presse accorde à tout soleil levant...

Portraits enluminés dont le bon goût s'irrite,
En mettant la louange à côté du mérite,
Et dont *le Précieux, ridicule achevé,*
Sur la tête vaut un pavé.

Que voulez-vous de moi, poursuivants de *l'Idée,*
Qui me la faites si ridée ?
Vous voulez du progrés ?.. Sautons pour *le Progrès...*
Sautons, sautez... Nous compterons après...

Froids discoureurs, enfants du *Rationalisme,*
Où se meut le *Déisme* avec le *Panthéisme* —
    Exegètes, Hébraïsans,
    Dans le *Pathos* agonisants —

    Apôtres de *la Femme libre* —
    Et vous professeurs d'équilibre,
    Habitués des hauts sommets,
Moïses de la loi qu'on nomme *le Succès* —

    Vous qui vous perdez dans les âges,
Inquisiteurs, au flambeau renversé,
Race de Cham, en quête du passé,
    Pour en déshonorer les pages —

    Eclaireurs du monde nouveau
Que, dans les jours heureux de la *Morphologie,*
    Doit enfanter l'humain cerveau — (13)
Vous tous, heureux boursiers de la *Bulosophie* (14),
    Sautez pour le *Progrès sans fin* (15) :
    Nous vous tiendrons le tambourin.

                    1863.

NOTES.

Sommaire des sujets principaux.

Le Vague sublime, la Divination grandiose et le Dédain transcendant, leur apparition première en France, avec l'École critique moderne. — L'Exégèse. — Plusieurs mesures de sincérité, les Fraudes innocentes, le Mépris de la petite certitude, etc. Deux figures de Jésus : le Rabbi charmant et le Géant sombre, le Christianisme de la rue St-Benoît. — La Glorification du Mensonge, les Malentendus féconds, la Pensée à double face. — Voltaire et Bossuet jugés par M. Renan. — La Morphologie, le Biologiste omniscient, le Secret de la vie découvert, le Monde actuel à reléguer dans un Musée, Dieu en voie de se faire, la Résurrection et le Jugement dernier de M. Renan. — Le Progrès sans fin.

* * *

(1). — Tenu en septembre dernier.

(2) — Glorifié par M. Renan, avec la *divination grandiose* et le *dédain transcendant* qu'il attribue à Jésus. — Manière heureuse de les faire admirer en lui. Citons:

« Une sorte de divination grandiose semble l'avoir tenu (Jésus) dans un vague sublime, embrassant à la fois divers ordres de vérités. » — *Une sorte de... qui semble — Un vague embrassant divers ordres de !...* Mais ne nous attardons pas trop au style de M. Renan, dont on nous a fait peur ; et hâtons nous d'arriver au fond des choses.

Où M. Renan a-t-il vu que Jésus ait été réduit à *devi-*

ner ce qu'il avait à nous enseigner ? Son enseignement a été *sublime* sans doute ; mais il n'a pas été *vague* ; et s'il est resté la loi de l'humanité, c'est qu'il a été parfaitement clair et bien compris. Laissons donc au compte de M. Renan le *vague sublime* et la *divination grandiose*.

« Méprisant la terre, convaincu que le monde présent ne mérite pas qu'on s'en soucie. Jésus se réfugiait dans son royaume idéal ; il fondait cette grande doctrine du dédain transcendant, vraie doctrine de la liberté des âmes, qui seule donne la paix. »

A qui croit-on parler ? Comment ! Celui qui est venu apporter au monde la charité, la vraie fraternité, qui s'est rapproché des faibles et des petits, qui nous a fait une vertu de l'humilité, qui est mort pour nous, celui-là aurait *méprisé la terre ;* et c'est lui qui aurait fondé la doctrine du *dédain trancendant,* qu'il plaît à M. Renan d'appeler *grande,* afin de l'élever sans doute à sa hauteur ! Où sont les apparences de cela ? M. Renan les indique, en note, dans deux passages de St. Mathieu dont le plus connu se rapporte à l'une des plus belles maximes de Jésus-Christ : *Rendez à César ce qui est à César et à Dieu ce qui est à Dieu.* M. Renan qui semblerait ne pas tenir grand compte des puissances établies, ne veut pas admettre que Jésus ait entendu donner ici le précepte et l'exemple du respect qui leur est dû. *La grande doctrine du dédain transcendant* n'aurait ainsi d'autre base que ces paroles de Jésus dans lesquelles il convient à M. Renan de voir une ironie.

D'où peut venir à M. Renan ce besoin de violenter ainsi le sens des paroles de Jésus pour en tirer la doctrine *du dédain transcendant* ? Ne serait-ce pas qu'il tiendrait pour lui-même aux commodités comme aux jouissances de cette doctrine, et qu'il aurait cédé à la tentation de la faire passer sous la couverture d'un nom divin? Ces questions, comme on le voit, se posent d'elles-mêmes ; et leur seul énoncé nous met sur la voie d'un des secrets de M. Renan qui en a beaucoup.

M. Henri Blaze qui écrivait, il y a vingt ans, chez M. Buloz, un *Essai sur Gœthe et le second Faust*, publiait, l'année suivante, un volume contenant cet essai d'abord, en guise de préface, puis la traduction des deux premières parties de *Faust* et des fragments qui restent de la troisième. Il y joignait une *Etude sur la Mystique*. Lisez, si vous pouvez aller jusqu'au bout, cet étrange volume ; et vous y trouverez, vingt ans avant, la *Vie de Jésus*, tous les secrets du *vague sublime*, de la *divination grandiose* et du *dédain transcendant*. L'école critique moderne et, notamment, les écrivains de la *Revue des Deux-Mondes*, en ont usé largement depuis cette époque.

Ce que M. Henri Blaze a surtout en vue, ce qu'il offre particulièrement à notre admiration, c'est la seconde partie de *Faust* où Gœthe a mis ses idées *Vulcanistes* et *Panthéistiques* sous le patronage du dieu Pan et de l'impudique Hélène dans laquelle il personnifie l'espèce de *beauté* qui doit-être apparemment l'objet de notre *culte*. Nous n'entrerons pas ici, bien entendu, dans les détails de cette œuvre abstruse et malsaine. On peut la lire. M. Henri Blaze exprime lui-même, ainsi qu'il suit, l'idée générale qu'on peut s'en former. « Nous appelons, dans notre essai, *le poëme de Faust*, l'Evangile du panthéisme, c'est la Bible que nous aurions dû dire. » (*Avant propos de la troisième partie de Faust.*)

M. Henri Blaze avoue d'ailleurs, en exaltant l'œuvre de Gœthe, que les abords en sont des plus ardus pour notre intelligence, et qu'il y faut une persistance à peu près surhumaine. « A travers le jour ou le crépuscule, arrivez jusqu'au bout. Une fois là, essuyez la sueur de vos tempes, reprenez haleine un moment, puis mettez-vous au travail de nouveau et recommencez... La tâche est rude, je le sais, mais après tout, le chaos de Gœthe, si toutefois il est permis d'appeler ainsi l'une des plus vastes compositions qui existent, le chaos de Gœthe vaut bien qu'on s'y prenne à deux fois pour le débrouiller.... Sitôt que vous aurez vaincu la lettre, l'esprit se dresse et vous résiste. Gœthe enveloppe d'une double écorce de granit le diamant de sa pensée, sans doute pour la rendre impérissable ; c'est à l'intelligence de faire vaillament son métier de lapidaire. » *(Essai)*. Merci pour nous qui ne sommes pas d'humeur à partager l'idolâtrie de M. Blaze, et qui trouvons plus sage d'employer nos loisirs à nous en moquer.

Le même M. Blaze nous dit ailleurs *(Etude sur la Mystique)* en s'étayant d'un précepte de Platon, que *toute philosophie doit commencer par l'étonnement*. Ne serait-ce pas en vertu de ce précepte que messieurs les initiés du *vague sublime* et de la *divination grandiose* ont mis à la mode un *air étonné* et même *ennuyé* qui les aide à se reconnaître?

Quant au *dédain transcendant*, personne avant M. Renan, ne l'avait assurément porté plus haut que Gœthe. M. Blaze est encore là pour applaudir à son héros, et même pour le défendre contre ses compatriotes qui l'ont accusé d'égoïsme. « Du jour où Gœthe a senti la divinité de son cerveau, il s'est résigné à ne vivre que par lui et pour lui. ... On rencontre çà et là, dans sa vie, certains actes d'un égoïsme brutal qui vous révoltent, si vous n'en avez trouvé d'avance la raison, peut-être même, hélas! l'excuse dans cet espèce de sacerdoce qu'il pratique à l'égard de sa pensée. En général, la société a tort de vouloir juger de pareils hommes avec la critique ordinaire ; elle les blâme sans avoir soulevé le voile qui couvre les mystères de leur conscience et ne s'aperçoit pas que, tout en se dérobant aux lois qu'elle impose, ils en subissaient de plus rigoureuses peut-être. Toutes ces concessions que la société commande, ils les ont faites à leur cerveau dont ils n'ont pas un seul instant cessé d'être les esclaves. » *(Essai)*.

M. Blaze, passant aux exemples, nous apprend que « dans l'extase qui les fascinait, de pauvres créatures ont pu se laisser tromper un instant et prendre pour les apparences de l'amour l'impassible sérénité de ce vaste front qui s'inclinait sur leur gorge palpitante, comme pour en suivre les ondulations, mais que ce rêve n'a pas été de longue durée. » Il nous cite, entre-autres victimes de cette illusion, *parmi ces pâles ombres qu'on ose à peine nommer les maîtresses de Gœthe,* une jeune fille, *ardente, dévouée, portée à l'enthousiasme, à la mélancolie, au désespoir, à tout enfin ce qui ravage l'existence et la dévaste,* et qui devait y succomber. « Lorsque Frédérique, dit-il, eût donné à Gœthe sa jeunesse, sa vie et son âme dans un baiser de feu, ses lèvres devinrent pâles; elle attendit que son maître lui rendît l'existence ; mais Gœthe n'en fit rien et garda pour lui, sans le rendre jamais, le baiser de Frédérique. De l'étincelle divine ravie au cœur de la jeune fille, ce Pygmalion étrange anima les beaux marbres de son jardin, Claire, Marguerite, Adélaïde, Mignon. Frédérique se voyant ainsi cruellement trompée, blasphéma la poésie, son atroce rivale, et mourut. Pauvre Frédérique qui vins te briser le front contre cet égoïsme d'airain et demander au génie les conditions de l'humanité ! » (*Essai*).

La faute en est évidemment à cette pauvre fille qui aurait dû comprendre mieux ce que le génie, comme l'entendent M. Blaze et ses amis, peut comporter d'égoïsme et de *dédain transcendant*. N'aurait-elle pas dû prévoir aussi que Gœthe finirait par épouser sa servante ?

Voici au surplus les conclusions de l'oraison funèbre que M. Blaze vient d'accorder à la pauvre Frédérique. « D'ailleurs, qui a jamais lu dans le sein de Gœthe ? Qui oserait porter un jugement irrévocable sur certains actes de cette vie si calme et si profonde ?.... Après cela, vouloir excommunier Gœthe, à cause de ce que l'on est convenu aujourd'hui, en Allemagne, d'appeler son égoïsme.... ce n'est là ni un crime de lèse majesté, ni un sacrilége, mais tout simplement une révolte d'enfants contre l'autorité du plus beau nom poétique de notre âge, une boutade d'étudiants ivres, faite pour dérider une dernière fois dans la tombe cette bouche où l'ironie avait creusé un si indélébile sillon. — Je le répète, de tels hommes arrangent leur vie entière sur la tâche qu'ils s'imposent... et ne permettent point aux influences extérieures d'altérer un seul moment la sérénité de leur âme. Mais après tout, ils ne relèvent que de leur conscience ; et si la conscience de Gœthe est plus large que celle des autres hommes, il faut s'en prendre à la nature qui l'a taillée sur le patron de son cerveau. » *(Essai)*.

Voilà qui est bien entendu : *le cerveau* décide de tout en morale, à la seule condition que *la divinité* en soit reconnue dans les bureaux de la *Revue des Deux-Mondes*. Admirons surtout comment M. Blaze, en justifiant, par de si bonnes raisons, *l'inaltérable sérénité* de Gœthe, nous préparait à *la paix* de M. Renan, *cette grande doctrine du dédain transcendant, vraie doctrine de la liberté des âmes*... O Ecole critique moderne !

M. Blaze ne peut avoir à se plaindre. Nous avons rendu à son idole ce qui est à son idole, et à lui ce qui est à lui. Gœthe, et non pas Jésus-Christ, comme l'a faussement prétendu M. Renan, a été le véritable fondateur du *dédain transcendant*. Il a obéi en cela, sans préméditation peut-être, aux entraînements de son caractère et de son génie, entraînements qui en ont été l'écueil et le très-mauvais côté. Nous n'en voyons aucune trace, avant lui, dans la littérature française. M. Blaze, le premier à notre connaissance, en a donné la théorie dans la *Revue des Deux-Mondes*, il y a vingt ans. La date nous en est fournie par lui-même dans son *Avant-propos* de la traduction de Faust (1844). Aussi voyons-nous qu'elle a porté ses fruits dans le journal même où elle a été si charitablement hospitalisée, la première fois qu'elle a osé paraître en France. Elle n'a cessé en effet d'y prospérer jusqu'à ces derniers temps qui en ont marqué l'apogée dans la personne de M. Renan.

Ne connaissant de M. Renan que sa *Vie de Jésus* et certain article de la *Revue des deux mondes* dont nous aurons à parler, nous empruntons à Mgr Dupanloup quelques passages de son *Avertissement à la jeunesse et aux pères de famille*, (1863), dans lesquels il a réuni quelques formules du *dédain transcendant*, familières à ces Messieurs de l'*Ecole critique*.

« Il est, dit M. Renan, une certaine élévation d'âme qui ne s'obtient que par l'habitude du mépris. » (*Essais de morale et de critique*). — « Le dédain produit presque toujours un style délicat .. Le dédain est une fine et délicieuse volupté qu'on savoure à soi seul : il est discret, car il se suffit. » *(Id.)* — M. de Lamennais, dit-dit-il encore, ne comprit pas ce qu'il y a d'ironie dans un certain respect. » *(Id.)* — Quant à lui : « Je sais, dit-il, quel charme austère il y a pour les fortes natures à braver la médiocrité impuissante. » (*Revue des Deux-Mondes*, janvier 1860.)

« La critique, dit encore M. Renan, ne connaît pas le respect ; elle juge les dieux et les hommes... Cette irrévérencieuse puissance portant snr toute chose un œil ferme et scrutateur, est par son essence même coupable de lèse-majesté divine et humaine. Il faut que toute souveraineté plie devant-elle, et son audace croissant avec le succès, il vient un jour où elle ose s'attaquer au Dieu du passé et regarder en face celui devant qui se sont inclinés tant de générations. » (*Liberté de penser*).

« La critique est née de nos jours. c'est par cette parole que M. Renan commence un de ses livres. (*Etudes d'histoire religieuse*). — Il y a une scission fatale entre les *parties simples* et les *parties cultivées* de l'humanité. Et « pourvu que le petit nombre puisse se développer librement, il s'occupera peu de la manière dont *le reste* proportionne Dieu à sa hauteur. » (*Id.*)

Le Reste ! Le mépris de M. Renan pour ce reste va si

loin que le monde, *tel qu'il est*, avec ses faiblesses, ses misères, ses maux sans nombre, est pour lui un spectacle curieux qui l'amuse ; *si curieux* qu'il n'hésite pas à dire : « Le penseur... spectateur dans l'univers... lors-même qu'il pourrait réformer le monde, peut-être le trouverait-il *si curieux,* tel qu'il est, qu'il n'en aurait pas le courage. » (*Préface des Etudes).*

Bon siècle que le nôtre auquel on peut adresser en face de pareilles impertinences, et qui ne paraît pas même y prendre garde ! Il est vrai que *l'Ecole critique* est généralement plus prônée que lue. Elle a vécu, jusqu'à présent, dans un demi-jour commode, à un état d'éparpillement qui la rend pour ainsi dire insaisissable. Ceux qui ont lu l'admirable et patient travail de Mgr. Dupanloup, peuvent seuls en avoir une idée.

Si le *dédain transcendant* est d'invention contemporaine, au moins comme doctrine, le *vague sublime* et la *divination grandiose*, compagne ordinaire de celui-ci, ont une origine beaucoup plus ancienne. Toute question de paternité réservée, nous y rattachons, parmi les grands noms poétiques, Dante et Milton. La rêveuse Allemagne s'y est prêtée largement. Gœthe en a été le type le plus complet. La deuxième partie de *Faust* en est le dernier mot. Leur apparition première en France date de la *Préface des fragments philosophiques* de M. Cousin en 1826, et de la *Préface de Cromwel* de M. Victor Hugo en 1828. Nous avons assisté, depuis cette époque, à une des plus grandes dévastations de l'esprit humain dont l'histoire ait à garder le souvenir. L'altération des mots, la confusion des idées, n'ont été portées plus loin, dans aucun temps. Notre langue, aux allures si franches et d'une clarté si désespérante pour les *Sphinx* et les *Hi-boux* de la littérature, a paru se voiler tout-à-coup, comme aux approches d'une éclipse ; et c'est à la faveur de cette obscurité que tant d'esprits téméraires ont pu rêver un moment l'empire du chaos.

Vaine tentative, abandonnée par M. Cousin, mais poursuivie à outrance par M. Victor Hugo, devenu le père du théâtre et du roman socialistes, et dans laquelle nous venons de le voir échouer encore une fois, si *misérablement.* Que dire en effet de cette tour de Babel humanitaire au sommet de laquelle il a voulu placer, de sa propre main, le dernier mot du *sublime* et du *dédain titanique!* A quel degré d'abatardissement peut-il nous supposer descendus pour avoir osé jeter à la France un pareil mot, travestissement grossier de son élan militaire et national! Ne serait-on pas tenté de croire aujourd'hui qu'il y était fatalement conduit par cette fameuse préface déjà vieille de trente-cinq ans, date néfaste et regrettable à jamais des premières déviations de son génie toujours admiré?

Cette impulsion, une fois donnée, les défis au bon sens et à la société se sont succédés rapidement. Si M. Victor Hugo, et quelques barbus à sa suite, ont dit : *le beau, c'est le laid,* M. Proud'hon n'a pas tardé à dire, en se jouant peut-être, mais à la grande édification des disciples de Babeuf et de Saint-Simon : *Dieu c'est le mal.* — *La propriété, c'est le vol.*

Aujourd'hui, c'est le tour de M. Renan qui s'en prend à Jésus : nous y sommes. Il a bien fallu chercher la provenance et la véritable signification des mots qu'il a voulu faire entrer dans nos usages. Les mots sont la monnaie des langues ; et la *vérification* n'en est pas moins nécessaire en littérature que celle des poids et mesures et des monnaies, dans le commerce. On n'y pense pas assez : de là tant de surprises et de spéculations tentées sur la bonhomie du public, et que le succès peut couronner plus ou moins. Les *habiles* le savent, ce qui suffit à la plupart d'entre eux ; mais si, par hasard, ils avaient en vue quelque chose de durable, ils devraient bien savoir aussi que *la France est un esprit bien fait*, comme le disait M. Thiers, il y a deux jours, et que si elle est facilement sujette aux entraînements et même aux engouements, ses retours ne sont pas moins prompts, souvent même cruels à l'égard de ceux qui auraient pu réussir à la prendre un moment pour dupe.

En résumé, quant aux trois grands mots qui sont le sujet de cette note, il va sans dire que tout *dédain* systématique ou doctrinal, à l'adresse de l'humanité, qu'on l'appelle *titanique ou transcendant*, ne mérite que des sifflets. La disposition d'esprit qui peut conduire aux aberrations de ce genre est connue. Notre langue a des mots pour la qualifier. Nous y trouvons, parmi les plus doux, ceux d'*Outrecuidance* et d'*Infatuation*. Quant à ceux de *vague sublime* et de *divination grandiose* on y découvre facilement la prétention d'ennoblir et d'abriter derrière eux beaucoup de *Pathos* et de *Haute fantaisie*.

(3). — Image la plus vraie que l'auteur ait pu se former de M. Renan, depuis qu'il a lu sa *Vie de Jésus*. — M. Renan tient en effet ses assises dans l'*Exégèse*, et d'autant plus confiant que l'exégèse à laquelle il se livre est lettre close pour la plupart d'entre nous, prend acte de notre ignorance comme d'un blanc-seing qui lui permet de voguer à pleines voiles dans les régions les plus nébuleuses de la *Synthèse transcendante* ou de la *divination grandiose.*

L'exégèse dont on commence à parler beaucoup, sans trop s'arrêter au sens du mot, se dit de toute explication, commentaire ou discussion, ayant pour objet d'éclaircir ou d'interpréter le sens d'un mot, d'un texte, et particulièrement ceux des livres saints. M. Renan veut bien croire que Jésus faisait déjà de l'*exégèse,*, au temps même où il sortait à peine de l'école. Nous en faisons nous même tous les jours, à peu près comme M. Jourdain *faisait de la prose sans s'en douter ;* mais nous n'en faisons pas comme M. Renan.

Voyez l'introduction de son livre où il s'équipe pour *aller en guerre* contre nos quatre Evangélistes, en prenant ses positions derrière Philon, Joseph, Henoch, Papias, le Talmud, Hillel, Strauss, etc. — Savez-vous l'Hébreu, l'Araméen, le Phénicien, le Chaldéen, le Syriaque? Etes-vous allé à Nazareth, à Jérusalem? Avez-vous vu *la terre d'Adonis près de la sainte Byblos,* le lac de Tibériade, les petits merles bleus, *si légers qu'ils posent sur une herbe sans la faire plier,* les cigognes *à l'air pudique et grave, dépouillant toute timidité ?...* Ah! vous n'êtes pas Sémite !... Eh bien, tenez-vous pour un Géronte, et laissez parler M. Renan.

Nous ferons sur cela une simple réflexion. Qui ne sait avec quelle facilité les faits les plus rapprochés de nous, et qui se passent même sous nos yeux, peuvent être tranformés, dénaturés et diversement interprétés, suivant les intérêts ou les passions du moment? Qui ne sait encore à quel point les mots dont nous nous servons, dans l'idiôme qui nous appartient, sont difficiles à définir, même par les philosophes, et susceptibles des altérations les plus graves ou des transmutations les plus détournées du sens primitif? A qui serait-il besoin de dire que les plus mauvaises causes ont trouvé d'habiles avocats qui les ont gagnées dans le moment voulu? Jugez par là des entraînements possibles de M. Renan qui avait tant de facilités pour se mettre au large avec le public, et qui avait d'ailleurs à plaider une sorte d'apostasie.

C'est ainsi qu'on nous a déjà fait tant d'histoires *à la Pipée*, qui nous arrivent des quatre points cardinaux, plus ou moins chargées des brouillards de la Tamise ou du Rhin, des miasmes de Genève ou des nuages de l'Orient, plaidoiries subordonnées, soit à un système préconçu, religieux, politique, philosophique ou littéraire, soit à des convenances personnelles.

Exemple, M. Renan qui vient nous dire aujourd'hui : J'ai passé par le séminaire, et j'ai cru ; je ne crois plus, j'ai besoin de liquider mes comptes avec St-Sulpice. Écoutons-le : « Pour faire l'histoire d'une religion, il est nécessaire, premièrement, d'y avoir cru (sans quoi on ne saurait comprendre par quoi elle a charmé et satisfait la conscience humaine) ; en second lieu, de n'y plus croire d'une manière absolue, car la foi absolue est incompatible avec l'histoire sincère. » Quoi de plus persuasif et de plus touchant? Qui ne se rendrait d'avance à un exorde si discret? Nous ne pouvons le faire cependant, tout en prenant les explications de M. Renan comme il les donne, et en les tenant pour *sincères*.

C'est à d'autres plus compétents qu'il appartenait de

juger au fond, pour ce qu'elle vaut, l'exégèse de M. Renan ; mais son livre, tel qu'il est, porte l'empreinte d'un esprit si vague et si troublé que, tout sémitisme à part, un œil attentif ne peut, un seul instant, s'y laisser prendre et garder la moindre illusion sur la portée de son auteur.

Quant au travail exégétique en lui-même, il est déjà ruiné de toutes parts, en France, et particulièrement en Allemagne, mère-patrie de la moderne exégèse, où M. Renan pouvait s'attendre à rencontrer des échos. Nous tenons de M. l'abbé Meignan qui se trouvait en Allemagne, dans le moment même où le livre de M. Renan venait d'y entrer, la traduction littérale des jugements portés par les rationalistes d'outre-Rhin, notamment ceux des écoles de Gœttingue et de Tubingue, exprimés par les professeurs Ewald et Keim qui en sont les plus illustres représentants. M. l'abbé Meignan, laissant à part les réfutations des catholiques allemands, a voulu s'en tenir ici à celles des auteurs protestants et des rationalistes les plus radicaux. Or, il suit de ces jugements que le livre de M. Renan n'est pas même un livre savant. Les arrêts de l'exégèse allemande lui sont arrivés ainsi, comme en dernier ressort, à la suite des réfutations déjà si péremptoires de la presse catholique et du clergé français ; mais ce qu'il y a ici de vraiment curieux à noter, c'est que, dans le moment même où, grâce aux efforts anticipés de la réclame, la vogue du livre était à son comble, la stupeur était au camp de ceux qui, l'ayant prôné sur parole, avaient pu se croire obligés de le lire, et venaient de le faire plus ou moins. Le ton général en avait paru faux, la pensée terne et diffuse, empreinte d'une vague sentimentalité, tournant à la *pastorale* et même au *mysticis-*

me. On y voyait des *imprudences regrettables*. En un mot, M. Renan n'avait pas contenté tout le monde ; et l'*Ecole critique* se le disait tout bas. Cette impression tient à des causes de plus d'un genre ; et l'occasion ne nous manquera pas de les faire toucher du doigt, dans la suite de ces notes.

(4) — Article de M. Renan, sous forme de lettre à M. Berthelot, publié dans la *Revue des Deux-Mondes* du 15 octobre dernier. — Les mots soulignés dans les trois strophes qui suivent sont empruntés textuellement à cet article. — (Citations renvoyées à la 13ᵉ note ci-après).

(5) — Celle du Panthéisme.

(6). Les mots soulignés dans cette strophe et les quatre suivantes sont empruntés plus ou moins littéralement à la *Vie de Jésus*.

L'histoire est impossible, selon M. Renan, *si l'on n'admet pas hautement qu'il y a pour la sincérité plusieurs mesures.* — *Concevoir le bien*, dit-il ailleurs, *ne suffit pas. Il faut le faire réussir, et pour cela, des voies moins pures sont nécessaires.* — Des *fraudes*, que M. Renan appelle *innocentes*, auraient été commises au profit de Jésus. — *C'est parce qu'elle était à double face que sa pensée a été féconde.* — Sa réputation de Thaumaturge lui aurait été *imposée*. — M. Renan suppose *qu'il n'y résista pas beaucoup, mais qu'il ne fit rien non plus pour y aider, et qu'en tout cas, il sentait la vanité de l'opinion à cet égard.* — Les enfants eux-mêmes auraient été exploités par Jésus. *Il était bien aise*, dit M.

Renan, *de voir ces jeunes apôtres, qui ne le compromettaient pas, se lancer en avant et lui décerner des titres qu'il n'aurait osé prendre lui-même.* Voilà ce que M. Renan met à la place de cette belle et touchante parole de Jésus : *Laissez venir à moi les petits enfants !*

Il suit évidemment de ces appréciations que Jésus aurait menti sciemment au monde ; et M. Renan n'y voit rien de blâmable ; au contraire. Or, absoudre la fraude au nom d'un intérêt présumé supérieur, n'est-ce pas s'exposer à faire croire qu'on pourrait être tenté de la commettre au même titre ? La logique est là pour tout le monde ; et nous ne pensons pas que M. Renan puisse en braver les lois, même à la faveur du *dédain transcendant.*

Que dire après cela de sa méthode exégétique et des préceptes à l'appui, de *l'interprétation du goût* si nécessaire à l'égard des *textes* qu'il faut savoir *solliciter doucement, de la marche des produits organiques et de la dégradation des nuances* à consulter, *des règles de la narration classique* à observer, *de la petite certitude des minuties* à dédaigner, le tout pour aboutir aux *malentendus féconds dont Jésus aurait su faire de hautes vérités, en acceptant les utopies de son temps et de sa race !*

Et voilà comment ce *naif et jeune villageois,* ce *jeune charpentier,* ce *jeune démocrate,* éloigné pourtant de *toute sédition,* ce *jeune maître, toujours accompagné de trois ou quatre Galiléennes dévouées,* ce *fin et joyeux moraliste,* ce *Rabbi charmant, le plus charmant de tous, aimant à jouer sur les mots,* cet *artiste incomparable, idéaliste accompli,* quoique *non spiritualiste,* a fini par devenir un *Géant sombre, un révolutionnaire transcendant, qu'une sorte de pressentiment grandiose jetait de plus en plus hors de l'humanité!* Ceci paraît nous écarter un peu des *règles de la narration classique,* de la *marche des produits organiques* et de la *dégradation des nuances...* Il est vrai que le mépris de la *petite certitude* y paraît mieux observé.

M. Renan nous renverra sans doute à certaine méthode qui n'est pas seulement propre à lui, mais dont le mot d'ordre a couru dans tous les rangs de l'*Ecole critique,* et qu'on cherche encore à perfectionner.

Il s'agirait, en histoire, d'un procédé fort simple. Un peuple étant donné, on s'attacherait d'abord à bien déterminer sa race ou sa nature, ou en d'autres termes, son *tempérament,* puis les circonstances ou *le milieu* dans lequel il se développe, enfin les dispositions principales ou *facultés* qui doivent en dériver. Ces éléments divers, une fois acquis, rien de plus facile que d'en tirer, *par induction,* l'histoire de ce même peuple, ou de dire au moins comment il a été conduit par une suite d'impulsions *fatales* à un état quelconque de civilisation. La théorie a déjà fait de tels progrès qu'un écrivain de l'école moderne s'est, dit-on, fait fort, il y a peu de temps, *d'enfermer la moitié du monde antique dans le creux de sa main.*

Il n'est pas, sans doute, un historien digne de ce nom qui, en abordant l'histoire d'un peuple, ne remonte à ses origines, ne l'étudie dans sa nature et dans son caractère propre, et ne tienne compte, dans tous ses récits, non-seulement des faits, mais des circonstances ou *du milieu* dans lequel ils se sont produits. Cela s'est toujours fait; mais l'école moderne, qui a besoin de paraître neuve, est obligée pour cela de violenter les vieux principes au point de les rendre méconnaissables, en les poussant à l'absurde et à l'impossible. Elle ne pouvait, bien entendu, manquer de le faire ici comme partout.

Ce qui est encore très-pratiqué, quoique moins avoué, c'est de ramener tout à ses convenances, à ses idées, de faire le monde à son image, et de le chercher en tout. L'histoire, ainsi explorée, peut servir de cadre à la défense intéressée de certaines causes, ou prêter son voile aux épanchements les plus discrets de l'autobiographie.

Cela dit en passant, M. Renan nous trouvera parfaitement disposé a reconnaître qu'il n'a pas faussé bande à l'école moderne, et qu'il en a fidèlement appliqué la méthode à Jésus, depuis sa grande loi *des produits organiques* jusqu'aux charmants *milieux* de la Galilée qu'il a mis tant de complaisance à décrire, mais cela est-il sérieux, je le demande; et comment ose-t-on nous parler *de la marche des produits organiques*, à propos de Jésus, quand, sur ce premier point de recherches, on est réduit à nous dire que, *le développement des produits vivants étant partout le même, il n'est pas douteux que la croissance d'une personnalité aussi puissante que celle de Jésus n'ait obéi à des lois très-rigoureuses*, et quand on va nous dire un peu plus loin que *l'idéalisme transcendant de Jésus ne lui permit jamais d'avoir une notion bien claire de sa personnalité !...*

Quant aux dispositions résultant d'un organisme si vaguement défini, dispositions dont nous avons groupé ci-dessus les principaux traits, d'après M. Renan lui-même, comment les concilier entre-elles et en tirer l'ensemble harmonieux qu'il avait promis dans son *Introduction* ? C'est un soin dont nous ne chargerons pas.

Il y a évidemment deux figures de Jésus dans l'esprit de M. Renan : *Le Rabbi charmant, le plus charmant de tous, artiste incomparable,* et le *Géant sombre ;* mais le premier seul est à son gré. L'autre allait tout gâter ; *Sa notion de fils de Dieu se troublait et s'exagérait,* quand heureusement pour lui, *la mort vint dénouer une situation tendue à l'excès et l'enlever aux impossibilités d'une voie sans issue.* Mettez en regard de cette situation *le milieu enivrant* dans lequel Jésus vivait et grandissait en Galilée, avant de devenir un *Géant sombre.* Examinez de près ces *Berquinades,* espèces de paysages au bleu, mais dans lesquels aussi ne sont épargnés, ni les tons fauves, expression du rôle honteux que M. Renan y prête à Jésus, ni *les fonds fuyants* si chéris de l'auteur et que la Grèce elle même n'aurait pas connus, suivant lui, ni les *horizons lointains* du *vague* soit disant *sublime* où s'enveloppe sa pensée. Vous y verrez, comme explication du christianisme de M. Renan, par opposition à celui qui a si mal fini sur le Golgotha, que *le plus triste pays du monde est peut-être la région voisine de Jérusalem ;* que *le nord seul* de la Judée, c'est à-dire la Galilée, *a fait le christianisme... qu'une nature ravissante contribuait, s'il ose le dire, à former cet esprit moins austère, moins âprement monothéiste, qui imprimait à tous les rêves de la Galilée un tour idyllique et charmant ;* que *tout y était vert, ombragé, souriant... qu'on y faisait d'excellent vin et qu'on en buvait beaucoup ; que cette vie contente et facilement satisfaite n'aboutissait pas à l'épais matérialisme de nos paysans, à la grosse joie d'une Normandie plantureuse, à la pesante gaîté des Flamands ; qu'elle se spiritualisait,* au contraire, *en rêves éthérés, en une sorte*

de mysticisme poétique, confondant le ciel et la terre.
« Laissez, dit M. Renan, laissez l'austère Jean-Baptiste
dans son désert de Judée, prêcher la pénitence, tonner
sans cesse, vivre de sauterelles, en compagnie des chacals.
Pourquoi les compagnons de l'époux jeûneraient-ils pendant que l'époux est avec eux? La joie fera partie du
royaume de Dieu... »

C'est ainsi que *toute l'histoire du christianisme est devenue une délicieuse pastorale.* « Un Messie aux repas
de noces, la courtisane et le bon Zachée appelés à ses
festins, les fondateurs du royaume du ciel comme un cortège de paranymphes : voilà ce que la Galilée a osé, ce
qu'elle a fait accepter. »

M. Renan parlant ainsi des premiers enseignements de
Jésus, c'est-à-dire du temps où il commençait, dit-il, à
*produire au dehors des maximes pour la plupart déjà
répandues, mais qui, grâce à lui, devaient régénérer le
monde,* ajoute : « Il n'y avait pas encore de chrétiens ;
le vrai christianisme cependant était fondé, et jamais sans
doute il ne fut plus parfait qu'à ce premier moment. Jésus n'y ajoutera plus rien de durable. Que dis je? En un
sens, il le compromettra. »

Si l'enseignement de Jésus ne reposait, en effet, que
sur des *maximes déjà répandues, pour la plupart,* où en
serait la nouveauté? Probablement dans les facilités que
Jésus y apportait, selon M. Renan. Quel homme de notre
temps, sachant vivre et tant soit peu *cultivé* n'aimerait à
profiter, en effet, de ces facilités, surtout quand le bon vin
n'y est pas de trop, ni la courtisane elle-même, et quand
on peut fonder ainsi le royaume du ciel, en compagnie
d'un bon monsieur Zachée quelconque?

Ce que faisait si bien le Jésus de M. Renan, ce n'est pas M. Renan qui refuserait de le faire, assurément. Mais n'allez pas lui parler de ces *mangeurs de sauterelles qui prêchent la pénitence,* ou des *Géants sombres* qui se font crucifier ! Le christianisme de la rue St.-Benoît, c'est celui qui *s'agitait derrière l'idylle de la Galilée.* Ne le cherchez pas plus loin. M. Renan lui-même en a marqué la limite, à son usage, et n'entend pas qu'elle soit franchie.

M. Renan qui a voulu trouver de l'ironie dans la belle maxime de Jésus : *Rendez à César ce qui est à César, et à Dieu ce qui est à Dieu,* n'a pas su mieux lire au fronton de *la Madeleine.* Le sentiment qui a fait dire à Jésus, de Madeleine repentante : Il lui sera *beaucoup pardonné, parce qu'elle a beaucoup aimé,* et de la femme adultère amenée devant lui pour être lapidée : *Que celui de vous qui se croit sans péché lui jette la première pierre,* M. Renan s'en empare pour donner à penser que Jésus aurait eu un faible pour les femmes *d'une conduite équivoque.* Il explique cette disposition *par la passion qui attachait Jésus à la gloire de son père et lui inspirait une sorte de jalousie pour toutes les belles créatures qui pouvaient y servir.* Voilà ainsi les courtisanes instituées, de par M. Renan, *pour servir à la gloire de Dieu !* Rien n'arrête M. Renan dans cet ordre de suppositions, pas même l'agonie du jardin des Olives. Il y trouve matière à se demander si la pensée de Jésus ne se serait pas reportée alors *aux jeunes filles qui auraient peut-être consenti à l'aimer.* Si la femme de Pilate est émue en faveur de Jésus, M. Renan ne manque pas d'y chercher un motif profane : Elle *aurait pu entrevoir* LE DOUX GALILÉEN *de quelques fenêtres du Palais.* PEUT-ÊTRE *le revit-elle en songe, et le sang* DE CE BEAU JEUNE HOMME *qui allait être versé* LUI DONNA-T-IL LE CAUCHEMAR!... » Où M. Renan a-t-il pris cela? — Mais... dans *l'interprétation du goût...* dans *la raison d'art...* Aimez-vous mieux *sous son bonnet ?*

Même travestissement, non moins arbitraire, des paroles de Jésus à la Samaritaine : *Femme, croyez en moi, le temps va venir où ce ne sera plus uniquement sur cette montagne ou dans Jérusalem que vous adorerez le père* etc. M. Renan déclare qu'à dater du jour où *Jésus prononça cette parole, il fut vraiment fils de Dieu.* Ce qu'il y voit de plus beau, c'est *une religion dégagée de toute forme extérieure.* Il a fait son deuil des pratiques ; et dès-lors, elles ne peuvent être que ridicules et surannées, bien entendu. *Pas de prêtres,* surtout, puisqu'il s'en est éloigné. Plaidoirie sans fin *pro domo sua.*

(7). — Formule dubitative, familière à M. Renan, comme beaucoup d'autres du même genre, dont son livre est plein.

(8). — « Quand nous aurons fait avec nos scrupules *(nous autres niais)* ce qu'ils firent avec leurs mensonges *(Jésus et ses disciples)*, nous aurons le droit d'être pour eux sévères..... Le seul coupable, en pareil cas, c'est l'humanité qui veut être trompée. » *(Vie de Jésus.)*

Où est la moralité de cela ? Que veut dire ici M. Renan, dans le moment même où il essaie de ruiner ces prétendus mensonges? De deux choses l'une : Ou la croyance au divin Messie, dans la personne de Jésus, a été aussi heureuse pour l'humanité que M. Renan le proclame ; et,

dans ce cas, pourquoi chercher à la détruire? Ou l'intérêt plus grand de la vérité exige que les auteurs et com-
plices des *mensonges* à l'aide desquels on est venu à bout
d'imposer cette croyance au monde, soient notés d'im-
posture; et dès-lors, en quoi serait-on fondé à les glorifier ?

M. Renan le dira ou ne le dira pas; mais sa glorification subsiste, avec toutes les apparences de la *sincérité*.
Resterait encore à connaître ici *la mesure* de cette sincérité, puisqu'il en avoue *plusieurs*. Autre secret de M.
Renan que nous ne chercherons pas à pénétrer.

M. Renan nie la divinité de Jésus; mais plus il attache
d'importance à le dépouiller de cet attribut, plus il semblerait vouloir au moins le relever comme homme. Admirons ici comment il se fait que, tout en affectant de
poursuivre ce but, il arrive à un résultat tout contraire, à
tel point qu'on serait tenté de chercher plutôt dans celui-
ci la véritable pensée de l'auteur. Mettez, par exemple,
d'un côté (c'est un travail à faire) les pages où M. Renan
paraît glorifier Jésus, de l'autre, celles où il lui plaît
d'interpréter les faits de sa vie, de manière à nous les
présenter sous les aspects les plus misérables et les plus
déprimans; voyez son inqualifiable récit de la Passion,
les circonstances atténuantes plaidées en faveur de
Caïphe et du *pauvre Judas*, des noms obscurs ou d'un
demi-jour douteux, notamment ceux de *l'humble et doux
Spinosa* et d'un certain Cakia-Mouny, relevés sans cesse
à côté de celui de Jésus, dans une suite de parallèles, in-
cidemment ménagés, qui tendent à niveler et même à ra-
baisser celui-ci; comparez le style vague et ballonné des
éloges à celui des critiques; allez droit aux mots, dégagez

l'intention qui s'y mêle, et concluez. Lisez notamment le récit de la résurrection de Lazare, et dites si l'idée qu'on peut se former de la dignité morale, même la plus commune, est conciliable, à un degré quelconque, avec le rôle que M. Renan prête à Jésus dans cette ignoble et plate comédie. Comment le même homme auquel on semble accorder une grandeur et une vertu presque divines, pourrait-il descendre aux pratiques du charlatan le plus vulgaire et se ruiner lui-même dans l'opinion de ses disciples? Encore un secret de M. Renan qu'il nous laisse à chercher probablement dans *l'ironie d'un certain respect, que Lamennais n'a pas comprise,* ou dans la fameuse loi des *malentendus féconds*, si bien ajustée *aux parties simples de l'humanité.*

Revenons donc à cette loi, donnons en le texte, afin que nos lecteurs en aient le cœur net, une fois pour toutes.« En acceptant les utopies de son temps et de sa race, Jésus sut ainsi faire de hautes vérités, grâce à de féconds malentendus. » Comprenez-vous? *La vérité* placée entre des *utopies* et des *malentendus !* M. Renan vient de nous dire un peu plus haut : « Jésus est l'homme qui a cru le plus énergiquement à la réalité de l'idéal. » Il avait dit ailleurs : » Au fond, l'idéal est toujours une utopie. » Si l'idéal est *toujours* une utopie, que signifie le livre de M. Renan, consacré tout entier à la glorification de *l'idéal* et de *l'idéalisme transcendant*, personnifiés dans Jésus, ce qui reviendrait en d'autres termes à la glorification de *l'utopie?* De pareils abus de mots, devant nécessairement aboutir à des *malentendus* sans fin, nous comprenons parfaitement que le meilleur parti à prendre était de les déclarer *féconds*, de les élever à la hauteur d'une doctrine, en y adjoignant celle de la *pensée à double face,* également *féconde,* et d'en faire honneur à Jésus, comme on l'a déjà fait du *vague sublime,* de la *divination grandiose* et du *dédain transcendant.* Tout le livre est de cette force. Il n'est peut-être pas un mot de la langue qui n'y soit altéré ou falsifié, perdu ou comme effacé dans le plus affreux miroitement qu'on puisse imaginer. Cet obscurcissement des mots serait toutefois la moindre chose à nos yeux, si la langue seule avait à en souffrir, et si nous n'entendions, en même temps, bruire autour de nous comme un vol de Harpies sur les plus nobles aspirations de l'humanité.

La méthode, la logique et *la morale* de M. Renan nous sont ainsi révélées par lui-même, et nous y trouvons la condamnation de son livre tout entier. M. Renan cherche à expliquer Jésus par *la loi des produits organiques* et par le *milieu* dans lequel il a vécu, explication purement humaine, et dans laquelle il a été très-malheureux, car il n'a pu réussir à lui donner la moindre apparence de probabilité. Son livre serait-il aussi vrai qu'il a été reconnu faux dans l'exposé des faits, qu'il serait encore faux dans ses conséquences. Jésus, au lieu d'être une *personne supérieure,* comme il convient à M. Renan de le dire, en lui refusant le caractère divin que nos livres saints lui attribuent, n'aurait été qu'un ridicule et vulgaire imposteur. On ne concevrait pas que ses disciples aient pu continuer de le représenter sur la terre et de le défendre jusqu'à la mort.

De même que M. Renan a sa méthode, sa logique et sa morale, il a aussi son *Dogme* ou sa *Religion.* Ce dogme est celui du *Royaume idéal* dont Jésus aurait fondé la doctrine, apparemment au même titre que celle du *dédain transcendant*. « Le sentiment que Jésus a introduit dans le monde est bien le nôtre. » (LE NÔTRE!..) — « Son parfait idéalisme est la plus haute règle de la vie détachée et vertueuse..... Son royaume de Dieu, c'était surtout le royaume de l'âme, créé par la liberté..... C'était la religion pure, sans pratiques, sans temple, sans prêtre ; c'était le jugement moral du monde décerné à la conscience de l'homme juste et au bras du peuple....., Jésus, dit-il ailleurs, a fondé ce royaume de Dieu qui fait chacun roi et prêtre..... la religion absolue, n'excluant rien, ne déterminant rien, si ce n'est le sentiment. Ses symboles ne sont pas des dogmes arrêtés, mais des images susceptibles d'interprétations indéfinies. »

Voilà, certes, une religion commode où chacun peut se mouvoir à l'aise, et qui ne se marie pas mal avec la *divinité du cerveau !*

Nous croyons avoir acquis le droit d'appliquer à M. Renan, dans des conditions de certitude infiniment mieux établies, les procédés d'*exégèse* qu'il applique à Jésus. N'a-t-il pas vécu, lui, M. Renan, dans *le milieu* de la *Revue des deux Mondes* où M. Blaze exaltait, vingt ans avant sa *Vie de Jésus,* cette *divinité du cerveau* qui nous préparait aux belles formules du *vague sublime*, de la *divination grandiose* et du *dédain transcendant ?* Même milieu, mêmes errements, milieu des trois grands mots qui résument le génie de Gœthe devant lequel M. Renan humilie le sien dans les termes suivants ; « Une grande vie, dit-il, en abordant celle de Jésus, est un tout organique qui ne peut se rendre par la simple agglomération de petits faits. Il faut qu'un sentiment profond embrasse l'ensemble et en fasse l'unité. La raison d'art en pareil sujet est un bon guide. Le tact exquis d'un Gœthe trouverait à s'y appliquer. »

Vous l'entendez : c'est M. Renan qui vient lui-même à l'appui de nos précédentes appréciations; c'est lui qui nous permet de rendre à Gœthe, en son nom, les trois grandes découvertes dont il aurait voulu, si modestement, faire honneur à Jésus!

Le tact exquis d'un Gœthe, à propos de Jésus! *La raison d'art* avouée comme *un bon guide en un pareil sujet!* Le souffleté du Prétoire; le divin crucifié, renvoyé de Pilate au chantre d'Hélène, et livré ainsi aux adorations dérisoires des amans de la forme ou de la *Plastique* si bien célébrée par M. Blaze! La Plastique!... Encore un de ces mots dont l'*Ecole critique* a la bouche pleine; et quel mot! Celui d'un art ou d'un métier qui nous a fait descendre aux *Tableaux vivants,* d'une littérature hybride, espèce de matérialisme idéalisé dans une langue avilie et faussée, qui, du théâtre et du roman d'aujourd'hui, nous a si bien menés, sans secousse et comme en pays de connaissance, au Jésus de la librairie Michel Lévy!

M. Renan n'a pas vécu seulement dans *le milieu* de la *Revue des Deux-Mondes.* Il avait été élevé dans un milieu bien différent, celui du séminaire, grand avantage à ses yeux pour attaquer aujourd'hui cette même religion qu'il avait d'abord aimée. Nous en avons déjà dit notre pensée, et nous n'y reviendrions pas, si M. Renan ne nous aidait lui-même à la compléter, par une phrase souvent citée et que nous retrouvons à l'instant. « Ceux qui sortent du sanctuaire et qui font la guerre au dogme qu'ils

ont servi, ont dans les coups qu'ils portent une sûreté de
main que le laïc n'atteint jamais..., un caractère particu-
lier d'audace et d'assurance... l'audace d'un familier. »
(Essais de morale et de critique.) Cette observation, faite
à propos de Lamennais, doit être juste et nous y sous-
crivons d'autant plus facilement que M. Renan parle ici
en connaisseur : il a fait ses preuves; et c'est bien à lui
que Jésus pourrait dire encore, en recevant le long baiser de son livre : *Amice, ad quid venisti.*

(9) — VOLTAIRE. — *La Crépinade.*

Nous ne sommes pas fâchés de rencontrer ici Voltaire.
Il avait une revanche à prendre de M. Renan dont le *dédain transcendant* ne l'a même pas épargné. Voici la
phrase. Nous la trouvons citée fort à propos dans une
brochure de M. l'abbé Crelier, qui vient de nous être com-
muniquée. « Rien ne me fera échanger un rôle obscur,
mais fructueux pour la science, contre le rôle de controversiste, rôle facile en ce qu'il concilie à l'écrivain une
faveur assurée auprès des personnes qui croient devoir
opposer la guerre à la guerre. A cette polémique, dont
je suis loin de contester la nécessité, mais qui n'est ni
dans mes goûts, ni dans mes aptitudes, Voltaire suffit. On
ne peut être à la fois bon controversiste et bon historien.
Voltaire, si faible comme érudit, Voltaire qui nous semble
si dénué du sentiment de l'antiquité, à nous autres qui
sommes initiés à une méthode meilleure, Voltaire est vingt
fois victorieux d'adversaires encore plus dépourvus de
critique qu'il ne l'est lui-même. La nouvelle édition qu'on
prépare des œuvres de ce grand homme satisfera au besoin
que le moment présent semble éprouver de faire une ré-

pouse aux envahissements de la théologie ; réponse mauvaise en soi, mais accommodée à ce qu'il s'agit de combattre ; réponse arriérée à une science arriérée. » *(Etudes d'histoire religieuse.)*

Voilà ainsi Voltaire, *ce grand homme,* et tous les controversistes de son temps, remis d'importance à leur place, et singulièrement distancés par M. Renan ! — Voltaire qui ne peut avoir été *bon historien* par la raison péremptoire qu'il aurait été passable *controversiste,* d'où il suit que M. Renan qui n'est pas controversiste *(rôle facile,* et peu digne de lui, sans doute), est nécessairement bon historien — Voltaire, *si dépourvu de critique, si faible comme érudit, qui nous semble si dénué du sentiment de l'antiquité,* A NOUS AUTRES QUI SOMMES INITIÉS A UNE MÉTHODE MEILLEURE — (Malheureux Voltaire qui n'a pas connu la méthode de M. Renan !) — N'importe, *il a suffi* dans sa lutte avec *les arriérés* de son temps. C'en est assez pour que M. Renan ne voie pas d'un mauvais œil la nouvelle édition qu'on prépare des œuvres de ce *grand homme* et qui satisfera AU BESOIN QUE LE MOMENT PRÉSENT SEMBLE ÉPROUVER de faire une réponse (MAUVAISE EN SOI) *aux envahissements de la théologie!*

Un pareil étalage de personnalité ne mérite pas qu'on s'y arrête : il suffit de le faire voir en passant.

Si M. Renan tranche ainsi du grand seigneur à l'égard de Voltaire qu'il essaie de reprendre en sous-œuvre en appelant l'exégèse allemande à son aide, à plus forte raison doit-on s'attendre à ce que les grands hommes qui ont défendu le christianisme soient l'objet de dédains plus superbes encore et plus raffinés. « Bossuet, dit M. Renan, n'a pas beaucoup à nous apprendre sur le fond même des choses. On lui a fait grand tort en le forçant d'avoir une philosophie. Il n'en avait d'autre que celle de ses vieux cahiers de Sorbonne ; et quand il mit au net pour son royal élève ses rédactions d'école, il ne se doutait guères qu'un jour on les prendrait si fort au sérieux. » Nous empruntons cette citation à l'*Avertissement* de Mgr Dupanloup. Nous voyons, au surplus, dans ce même *Avertissement*, que M. Renan et ses amis de l'*Ecole critique* ne traitent pas avec moins de mépris l'humanité toute entière, à commencer par les plus grands esprits dont elle ait eu à s'honorer dans tous les temps, si peu qu'ils aient cru en Dieu. M. Renan veut bien pourtant que le mot *Dieu* soit conservé dans l'usage, *pour ne pas trop dérouter l'humanité*, c'est-à-dire *les simples ;* mais il se réserve de l'entendre à sa façon. « Dieu, dit-il, Providence, immortalité, autant de bons vieux mots, un peu lourds peut-être, que la philosophie interprétera dans des sens de plus en plus raffinés. » — Restons parmi *les simples*, avec Bossuet auquel on a fait croire, si malheureusement, *qu'il était forcé d'avoir une philosophie.*

(10) — M. Mathieu, de la Drôme, qui nous annonçait un mois de novembre très pluvieux.

(11) — M. Lerminier, dans son livre : *Au-delà du Rhin.*

(12) — M. Havet, *des Deux-Mondes,* qui paraît avoir suivi de près ces opérations délicates où rien n'est oublié de la personne et des habitudes de MM. tels ou tels, est désolé de ce que les Evangélistes n'en aient pas usé

de même à l'égard de Jésus. Il a trouvé, notamment, très-fâcheux qu'on ne lui ait pas dit si Jésus avait eu *des faiblesses*. Espérons que les amis de M. Havet lui conseilleront d'en prendre son parti.

(13) — Article précité de la *Revue des Deux-Mondes*.

M. Renan, non content de se poser en *philologue*, a regretté de ne pas s'être fait plutôt *morphologue*. Obsédé de cette idée, M. Renan s'en est ouvert à M. Berthelot qui s'est réservé d'examiner la chose.

M. Renan s'érigeait ainsi en *Colosse de Rhodes*, élevé sur le détroit des plus grands problèmes, un pied sur le *sémitisme*, et l'autre, sur la *morphologie*, et conviant le siècle à passer ; mais le siècle n'était pas encore assez petit. La proposition n'a pas eu de suite. Examinons-la pourtant.

« J'ai toujours pensé, dit M. Renan, que le secret de la formation des espèces est dans la morphologie. » Cela n'était pas difficile à penser, puisque la morphologie, d'après tous les dictionnaires, est l'histoire des formes que peut revêtir la matière. Gœthe qui s'en est occupé y comprenait aussi les *transformations*. M. Renan, si empressé de le suivre en tout, sans nous le dire, ne pouvait manquer de se rattacher à cette même idée. « L'homme est arrivé, dit-il, à ce qu'il est par un progrès obscur qui dura des milliers d'années, et probablement se consomma sur plusieurs points à la fois. Les zoologistes qui, selon l'expression de la scholastique, voient tout *in esse*, au lieu de tout voir *in fieri*, nient, je le sais, les modifications séculaires des espèces. Pour eux, chaque type animal, constitué une fois pour toutes, se continue avec une sorte

d'inflexibilité à travers les âges. Quoi de moins philosophique. »

En attendant que la philosophie de M. Renan l'em-
porte sur les faits, continuons sommairement l'exposé de
sa *morphologie* et de ses théories sur les destinées finales
de l'humanité, ce qui nous oblige à le suivre encore une
fois dans les plus hauts domaines de la *divination grandiose* et de la fantaisie.

Une première chose nous frappe, c'est que les *libres-
penseurs* d'aujourd'hui qui nient le *surnaturel*, au nom
de la science humaine, avec un dédain si superbe, nous
en font tout aussitôt de l'espèce la plus abstruse et vraiment digne des *Petites-Maisons*. M. Renan, qui part du
sémitisme, un oiseau bleu sur le poing, sera-t-il plus heureux, en morphologie et en morale humanitaire, que ses
devanciers, Comte et Fourrier? Nous ne le pensons pas.

Comte qui, assurément, n'admettait pas le mystère de
l'*Incarnation*, en était venu, de son chef, à dire, en cherchant mieux, que la femme pourrait concevoir un jour et
engendrer, sans cesser d'être vierge, par le seul effet des
progrès indéfinis du *positivisme*, dans certaines conditions
de continence universelle. (Voir *le Correspondant* du 15
juillet 1860.) On connaît les rêveries de Fourrier, ses
anti-requins, ses *anti-lions*, *l'attraction passionnelle, la
mer changée en limonade*, etc. — M. Renan ne nous pro-
met pas tout à fait les mêmes choses, il est vrai; mais
comment ne pas être pris de vertige au seul énoncé des
inductions qu'il nous invite à tirer d'un passé même an-
térieur à *l'existence de la terre et du soleil*, pour nous
élever à l'idée de ce que le monde pourra être dans des
milliards de siècles ! Que penser de son *Biologiste omnis-*

cient qui, dans quelques *millions de siècles*, aura découvert *le secret de la vie*, si bien que les espèces naturelles, animales ou autres, aujourd'hui connues, faisant place à d'autres de sa création, *seront reléguées, comme objets de curiosité, dans des musées, parmi les restes d'un monde incommode et vieilli*. « Qui sait, dit à ce sujet M. Renan, si la science infinie n'amènera pas le pouvoir infini?.... L'être, en possession d'une telle science et d'un tel pouvoir, sera vraiment maître de l'univers. L'espace n'existéra plus pour lui; il franchira les limites de sa planète... Dieu alors sera complet..... En ce sens, Dieu sera plutôt qu'il n'est. Il est *in fieri*, il est en voie de se faire. » *(Revue des Deux-Mondes.)*

Osez dire maintenant que M. Renan ne croit pas en Dieu! M. Guéroult l'a craint; mais il doit être bien détrompé. Nous sommes même en droit d'assurer que M. Renan est tout près de croire à *la Résurrection*. « Qui sait, dit-il en effet, dans sa *Vie de Jésus*, si le dernier terme du progrès, dans des millions de siècles, n'amènera pas la conscience absolue de l'univers, et dans cette conscience le réveil de tout ce qui a vécu? » Voilà des *Qui sait* qui pourraient nous mener terriblement loin dans les futurs contingents du *Progrès indéfini*.

Ce n'est pas tout cependant. M. Renan croit (ceci est donné comme sûr) à une sorte de *Jugement dernier*. C'était bien la moindre chose qu'il en fît les honneurs à la partie de son public où tout sentiment de *religiosité* n'est pas encore éteint. Voici la phrase dans laquelle il offre à cette partie qu'il appelle *morale et vertueuse*, et qu'il fallait bien contenter aussi, un avant-goût des béatitudes qui l'attendent. « Il est sûr que l'humanité morale et ver-

— 48 —

tueusé aura sa revanche, qu'un jour le sentiment de
l'honnête pauvre homme jugera le monde, et que ce jour
là, la figure idéale du Christ sera la confusion de l'homme frivole qui n'a pas cru à la vertu, de l'homme égoïste
qui n'a pas su y atteindre. » *(Vie de Jésus.)* Il est donc
entendu, de par M. Renan, que *l'homme égoïste ou frivole* sera un jour *confusionné* devant la figure *idéale* du
Christ, à la plus grande gloire de *l'honnête pauvre homme,* d'où il suit que tout le monde doit être content, ce
qui est d'ailleurs assez prouvé par le grand succès de la
Vie de Jésus.

Nous bornons ici nos citations, sans commentaire. Il y
aurait trop à dire. On pourrait trouver, par exemple,
que, *si tout ce qui a vécu doit un jour se réveiller, pour
être jugé,* nous ne sommes pas très-loin du catéchisme,
et que, *si Dieu est en voie de se faire* et doit être fait, selon M. Renan, *dans quelques millions de siècles,* il n'est
guères plus difficile de croire qu'il peut avoir été *fait* depuis le même temps, ou même qu'il existerait de toute
éternité. Cette dernière croyance, il est vrai, peut sem-
bler bien vieille, *un peu lourde,* et nous accordons vo-
lontiers que *le Biologiste omniscient qui franchira les limites de sa planète,* est plus joli. Nos lecteurs y pense-
ront. Ne troublons pas M. Renan dans les extases du *vague sublime,* de la *divination grandiose* et du *dédain
transcendant.* Laissons-le tout entier pour ne pas dire
seul, à cette littérature hystérique où il se complait.

Nous ne clorons pas cette note sans relever un fait qui
nous paraît assez curieux , c'est que la première idée de
Dieu considéré comme *à venir* ou *en voie de se faire,* ap-

partiendrait à Diderot. C'est M. Blaze qui nous l'apprend d'après Gœthe dont il nous cite un long passage, espèce d'hymne au panthéisme, où nous rencontrons la phrase suivante : « On a beaucoup reproché à Diderot d'avoir écrit quelque part : *Si Dieu n'est pas encore, il sera peut-être quelque jour.* » Cette hypothèse ne pouvait manquer d'être accueillie favorablement par tous ceux qui répudient le vrai Dieu, athées ou panthéistes, et notamment par une classe de ceux-ci qui, pour ne pas trop froisser les habitudes et les besoins de l'humanité, ne seraient pas fâchés de pouvoir en proposer un autre et même beaucoup d'autres, à leur image ou à leur convenance. Gœthe appartient à cette classe ; il a fait, comme poète, des efforts inouïs pour la réhabilitation du paganisme ; et ce n'est pas sa faute, assurément, si toutes les passions ne sont pas divinisées.

Gœthe et ses disciples ont compris toutefois qu'il était difficile de revenir au polythéisme. On est donc à la recherche d'un dieu possible, acceptable, et surtout pas gênant. M. Renan vient de le mettre au four, et M. Littré lui-même en veut, pour son *Dictionnaire*. Voici à peu près le thème qu'on brode ; et c'est encore à M. Blaze *(Essai sur Gœthe)* que nous l'empruntons. « Quelque soit, dit-il, le but mystérieux ou tende l'humanité, que son avenir appartienne au christianisme . . . ou (nous aimerions mieux le croire avec Novalis) à un panthéisme clairvoyant, illuminé çà et là par les divins rayons de l'Evangile, mais où l'esprit s'incarne quelque peu, où l'activité humaine marche enfin librement vers le ciel à travers le beau jardin de la terre... le poème de *Faust* restera non seulement comme une œuvre sublime où se rencontrent les plus nobles pensées que la poésie ait jamais prises au cœur humain, à la théologie, en un mot à la science de Dieu et des hommes, mais encore comme l'expression d'une époque grande et féconde qui, après avoir tout interrogé, tout tenté, j'allais dire tout accompli, après avoir promené son activité impatiente dans toutes les écoles et sur tous les champs de bataille, lasse de discussion et de la guerre, lasse surtout des folles théories qu'elle a vues éclore et mourir sous ses pas, mais trop jeune, trop ardente, trop vivace pour se contenter du doute, se réfugie dans la nature intelligente et le pressentiment d'une plus haute destinée. »

Voyez-vous ces messieurs, *las du doute*, *après avoir traversé le beau jardin de la terre*, et voulant, comme on dit, *faire une fin*, ces *bons apôtres* de l'humanité, croyant avoir assez fait pour elle, en lui laissant *un panthéisme clairvoyant*, *illuminé çà et là de quelques divins rayons de l'Évangile*, *où l'esprit s'incarne quelque peu!*

Qui ne serait frappé, encore une fois, de la parfaite similitude de ces belles théories formulées, il y a vingt ans, par M. Blaze, dans la *Revue des Deux-Mondes*, et de celles qui se sont conservées dans les hautes régions de *l'École critique!* Tel est l'évangile nouveau qui attendait M. Renan, à sa sortie du séminaire, et qu'il a pris si fort au sérieux. De là, quelques premières élucubrations signalées dans l'*Avertissement* de Mgr Dupanloup, et, en dernier lieu sa fameuse *Idylle de Jésus* qui s'*agitait*, non pas *derrière la Galilée*, mais bien, derrière les doctrines de la *Revue* dont il est devenu l'*Enfant terrible*. Il y a même été *gâté* tellement qu'on lui a laissé dire, il y a quatre ans, dans cette même *Revue :* « L'école critique attend encore qu'on la prenne en flagrant délit de faiblesse. »

On peut voir aujourd'hui qu'il en est resté là, toujours au même point, cherchant à s'y arranger de son mieux, mais n'y réussissant pas plus que M. Blaze, et réduit, comme ses nouveaux maîtres aux tours de force d'imagination les plus périlleux et les plus divertissants. Grand malaise, en effet, que celui de l'*Ecole critique,* entre la logique et la morale ! Nécessité logique de se dire Athée, impossibilité morale de le faire. Autre nécessité dérivant de cet embarras, celle d'emprunter un dieu quelconque *à la nature intelligente,* en manière de *bouche-trou,* et d'exploiter honteusement tous les désordres de l'esprit.

Triste et bien regrettable abus de la science et du talent que messieurs de l'*Ecole critique* auraient pu mettre au service de la vérité modestement cherchée dans les grandes lignes du sens commun ! Nous ne le disons pas moins pour M. Blaze, esprit distingué, que pour les écrivains de cette école, en général, dont les doctrines seules sont ici en cause, et non pas le talent.

(14) — Mot consacré déjà dans les puissantes satires de M. Louis Veuillot.

(15) — L'auteur a besoin de s'expliquer ici sur la valeur du mot *Progrès,* car il n'entend pas laisser à ceux qui en abusent tant la satisfaction de pouvoir *équivoquer.* Il est certain que l'homme n'a pas cessé de *progresser* dans la connaissance des lois qui régissent le monde physique et dans les applications de cette connaissance à tout ce qui peut améliorer sa condition sur la terre. L'expé-

rience acquise et la tradition, l'exercice continu de ses facultés, l'analyse raisonnée des œuvres de son intelligence, ont également contribué, de siècle en siècle, au développement de son goût dans les lettres et dans les arts, au perfectionnement des ses institutions politiques et sociales, etc. Le passé nous répond de l'avenir ; et de même que l'homme a progressé, de même il continuera de progresser, jusqu'à la fin des temps, dans cette voie providentielle, ouverte par Dieu même. Qui songe à nier cela ? Personne. Entendons-nous pourtant, car ici commence une petite difficulté. Les nouveaux venus du *progrès,* qui nous en parlent, tout effarés, comme d'une découverte toute fraîche, ont bien d'autres visées. Il s'agit pour eux, non pas tant d'étudier le monde et ses lois que d'en faire un autre et de le transformer immédiatement, surtout dans l'ordre moral où ils se trouvent gênés. Les mêmes *Esprits-forts* qui veulent bien pourtant consentir à ce que les lois de la gravitation ne soient pas dérangées de leur vivant, ne se font pas scrupule de renverser, du jour au lendemain, les lois éternelles de la conscience et de l'esprit humain qui sont les lois mêmes du *progrès.* C'est ici que nous les arrêtons.

Singulier temps que le nôtre où le besoin du changement, l'ennui, la satiété, l'impatience de tout frein, semblent faire appel aux entreprises les plus audacieuses, où la spéculation peut faire passer si facilement, sous la couverture d'un mot, les insultes les plus graves à la raison publique, au sens moral et au sens commun !

Le grand mouvement philosophique du dernier siècle a a eu sa raison d'être. Il a été l'explosion confuse d'aspirations plus ou moins légitimes à des réformes nécessaires. On peut reprocher aux philosophes qui l'ont représenté, la passion qui les a entraînés, si souvent, bien au-delà du but ; mais ils avaient au moins le mérite d'être clairs et de parler français. Que dire de ceux-ci dont l'infatuation touche à la folie, qui prétendent substituer, aux croyances les mieux assises et les plus élevées de l'humanité, les rêveries les plus délirantes, étouffer en nous jusqu'au respect de nos traditions nationales, et nous entraîner à leur suite hors des voies de l'esprit français dont le sens est déjà comme oblitéré chez eux ?... Le temps répondra.

L'auteur finira comme il a commencé, en reprenant ici les données épigraphiques de sa pièce : *Vanitas vanitatum — Quaque ipse miserrima vidi et quorum pars.* Il a subi, comme tant d'autres, les influences du *milieu* dans lequel il a tout d'abord été jeté, c'est-à-dire de la philosophie du XVIIIe siècle et des écoles de son temps. Il a parcouru le cercle entier des négations du *Naturalisme* ; mais il a retrouvé la lumière après le chaos. Le mouvement des esprits qu'il n'a cessé de suivre, et les enseignements qu'il en a tirés l'ont aidé à rentrer peu à peu dans la vérité des grandes traditions chrétiennes et françaises. *Qui sait* si M. Renan ne sera pas tenté d'y revenir aussi quelque jour ? On voit tant de choses !

A. R.

www.ingramcontent.com/pod-product-compliance
Lightning Source LLC
Chambersburg PA
CBHW051144050726

47594CB00003B/1241